Una visita a la ciudad de Nueva York

Figuras de tres dimensiones

Julia Wall

Créditos de publicación

Editor
Peter Pulido

Editora asistente
Katie Das

Directora editorial
Emily R. Smith, M.A.Ed.

Redactora gerente
Sharon Coan, M.S.Ed.

Directora creativa
Lee Aucoin

Editora comercial
Rachelle Cracchiolo, M.S.Ed.

Créditos de imágenes

La autora y el editor desean agradecer y dar crédito y reconocimiento a los siguientes por haber dado permiso para reproducir material con derecho de autor: portada, Big Stock Photos; título, Photodisc; p.4 (fondo), Photodisc; p.4 (superior), Shutterstock; p.6, Photodisc; p.7, Corbis; p.8, Big Stock Photos; p.9, Elvele Images/Alamy; p.10, Corbis; p.11, Kevin Foy/Alamy; p.12, Jochen Tack/Alamy; p.13, Corbis; p.14, Visions of America, LLC/Alamy; p.15, Visions of America, LLC/Alamy; p.16, istockphotos; p.17, NYCFoto.com; p.18, Shutterstock; p.19, NYCFoto.com; p.20, Corbis; p.21, Stock Connection Blue/Alamy; p.22, Getty Images; p.23, Alex Segre/Alamy; p.24 (izquierda), Photodisc; p.24 (derecha), Ken Welsh/Alamy; p.25, Alice McBroom; p.26 (superior), Photodisc; p.26 (fondo izquierdo), Shutterstock; p.26 (fondo derecho), Big Stock Photos; p.27 (superior), Big Stock Photos; p.27 (fondo derecho), Shutterstock; p.27 (fondo izquierdo), Corbis RF; p.29, Big Stock Photos

Aunque se ha tomado mucho cuidado en identificar y reconocer el derecho de autor, los editores se disculpan por cualquier apropiación indebida cuando no se haya podido identificar el derecho de autor. Estarían dispuestos a llegar a un acuerdo aceptable con el propietario correcto en cada caso.

Teacher Created Materials

5301 Oceanus Drive
Huntington Beach, CA 92649-1030
http://www.tcmpub.com

ISBN 978-1-4333-0502-3

Contenido

Unas vacaciones en la ciudad de Nueva York

Estoy pasando mis vacaciones en la ciudad de Nueva York con mi tío. Él va a llevarme de visita a la ciudad.

A la caza de figuras de tres dimensiones

Ahora estoy estudiando las figuras de tres dimensiones en la escuela. Mi tío dice que encontraremos muchas figuras de tres dimensiones en Nueva York. ¡Apenas puedo esperar!

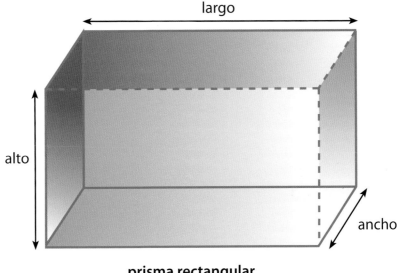

prisma rectangular

¿Qué son las figuras de tres dimensiones?

De tres dimensiones significa tridimensional. Las **dimensiones** de una figura de tres dimensiones son largo, ancho y alto.

Rascar el cielo

Nueva York está llena de **rascacielos**. Muchos rascacielos son **prismas** rectangulares. Los prismas rectangulares son figuras de tres dimensiones hechas de rectángulos.

Exploremos las matemáticas

Las figuras de tres dimensiones tienen caras. Las caras son las partes planas de una figura de tres dimensiones.

Observa el prisma rectangular de arriba. ¿Cuántas caras tiene?

Este es el edificio Seagram. Es un enorme prisma rectangular. Tiene 6 caras rectangulares.

esquina

cara

borde

Las caras son las partes planas de la figura de tres dimensiones. Los bordes son donde se juntan las dos caras. Las esquinas son donde se juntan 3 bordes.

Hechos rectangulares

El edificio Seagram fue terminado en 1958. Tiene 514.8 pies (156.9m) de alto y tiene 38 pisos.

Un edificio poco común

Mi rascacielos favorito es el edificio Flatiron. Es diferente de la mayoría de los rascacielos. Tiene una forma poco común para un rascacielos.

En forma

A algunos **arquitectos** les gusta usar ciertas figuras en sus edificios. A algunos les gusta diseñar edificios con figuras **curvas**. A otros les gustan las figuras planas y rectas.

El edificio Flatiron es un prisma triangular. Tiene 5 lados. Sus bordes son un poco curvos.

Hechos triangulares

El verdadero nombre del edificio Flatiron es edificio Fuller. Tiene 285 pies (87 m) de alto.

Exploremos las matemáticas

Observa la foto anterior.

a. ¿Cuántos lados del edificio Flatiron se pueden ver en esta foto?

b. ¿Cuántos lados están escondidos?

Un cubo de cristal

Luego, quería encontrar un cubo. ¡Fue difícil! Pero encontramos esta sorprendente tienda.

Hecho del cubo

Cada lado de la **entrada** de e
tienda en forma de cubo mid
32 pies por 32 pies (9.8 m).

Esta tienda también tiene un elevador en forma de un **cilindro**.

La tienda está bajo tierra y la entrada es un gran cubo de cristal. Tiene 6 lados, todos del mismo tamaño.

Exploremos las matemáticas

Observa estos objetos.

a. ¿Cuáles de estas figuras son cubos?

b. ¿Qué figuras son prismas rectangulares?

1

2

3

4

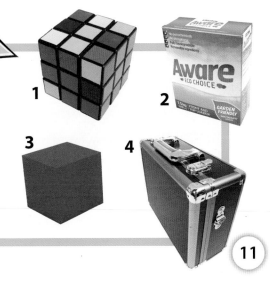

Las columnas son cilindros

Me preguntaba dónde encontraría otro **cilindro**. Mi tío dijo que me llevaría al Círculo de Colón. Tiene una estatua de Cristóbal Colón.

El Círculo de Colón se llama así por Cristóbal Colón. ¿Puedes decir por qué también lo llaman círculo?

La estatua está colocada en lo más alto de la columna. Una columna es un cilindro. Tiene 2 lados circulares y un lado **curvo**.

Hecho del cilindro

El cilindro que sirve de soporte a la estatua de Colón mide 70 pies (21.3m) de alto.

Una escultura redonda

Muy cerca del cilindro, encontramos una **esfera**. Esta esfera es una **escultura** de la Tierra. Está hecha de metal.

Esta escultura de la Tierra se encuentra fuera de la Torre Trump.

La escultura de la Tierra tiene sólo un lado curvo. No tiene bordes ni esquinas. Una esfera no tiene caras, ¡por lo que se coloca en un poste para evitar que ruede!

Exploremos las matemáticas

Observa estas figuras de una esfera y un cilindro.

a. ¿Qué tienen en común estas dos figuras?

b. ¿En qué se diferencian?

Un bosque de conos

Luego fuimos al Parque Central. Caminamos por una parte del parque que parecía un bosque. Había más de 400 pinos. Encontré muchas piñas—¡conos de pinos!

Las piñas de pino tienen forma de cono. Un cono tiene una cara circular y un lado curvo. La punta de un cono recibe el nombre de **vértice**.

Esta parte del Parque Central recibe el nombre de Ross Pinetum. Fue nombrada en honor de Arthur Ross, quien dio dinero para que se plantaran los árboles.

¿Egipto o Nueva York?

Te apuesto a que creías que no había pirámides en Nueva York. Bien, ¡observa la parte superior de este edificio!

Este edificio se llama One Worldwide Plaza.

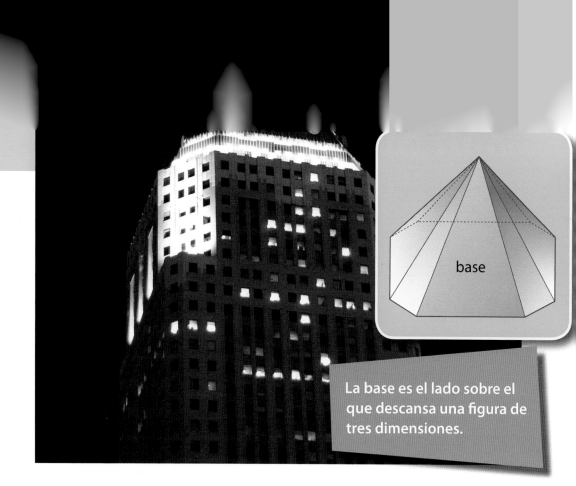

base

La base es el lado sobre el que descansa una figura de tres dimensiones.

One Worldwide Plaza tiene una pirámide en la parte superior. Esta pirámide especial tiene 9 caras. Hay 8 caras laterales y 1 en la base.

Exploremos las matemáticas

Observa esta pirámide.

a. ¿Cuántos triángulos puedes ver?

b. ¿Qué otra figura puedes ver que no sea un triángulo?

Las figuras en Wall Street

Muchos edificios están hechos de más de 1 figura de tres dimensiones. Éste es el edificio de la Bolsa de Valores de Nueva York en Wall Street.

Una buena razón

Muchos edificios están hechos con techos triangulares. Esto es para que la lluvia y la nieve puedan deslizarse con facilidad del techo.

Este edificio tiene un prisma triangular encima de las columnas. El prisma se sostiene por los cilindros. Cada cilindro tiene 2 caras circulares y 1 lado curvo.

Observa estas figuras de tres dimensiones.
Nombra cada figura.

a.

b.

c.

Muchas figuras

La mezquita de Nueva York es otro edificio con muchas figuras de tres dimensiones. Tiene cubos y prismas rectangulares. También tiene una **cúpula** circular como parte del techo.

¿Qué es una mezquita?

Una mezquita es un lugar donde los musulmanes se reúnen para rezar.

Éste es el edificio de apartamentos San Remo.
¿Puedes ver los cilindros en este edificio?

El San Remo tiene 2 torres en forma de prismas rectangulares. Cada torre tiene 10 pisos de alto.

También vi muchas figuras de tres dimensiones más pequeñas en Nueva York. Mi tío me compró un refresco. ¡Y yo me di cuenta de que el refresco viene en un cilindro!

Luego comí un helado. ¡Mi helado estaba en un cono!

Exploremos las matemáticas

Nombra las figuras de dos dimensiones que se encuentran en las caras de estas figuras de tres dimensiones.

a.   b.   c.   d.   e.

Hasta mi guía era un prisma rectangular.

Hay figuras de tres dimensiones en toda la ciudad de Nueva York. Se les puede ver en edificios, en parques y en la calle.

Entonces, ¿cuántas figuras de tres dimensiones puedes encontrar en tu ciudad? ¿Y en tu casa? Te aseguro que tu casa está llena de figuras de tres dimensiones.

Actividad de resolución de problemas

Formando figuras

Jackson quiere dibujar un prisma octagonal. Para hacerlo, necesita saber cuántos lados, bordes y esquinas hay. ¿Puedes averiguarlo?

¡Resuélvelo!

Paso 1: Observa los prismas. Luego dibuja esta tabla y llénala con información sobre cuántos lados, bordes y esquinas tiene cada figura de tres dimensiones. Ya hay algunas respuestas para ellas.

Prisma	Lados	Bordes	Esquinas
triangular	5	9	6
rectangular	6	12	8
pentagonal		15	
hexagonal	8		12
heptagonal		21	14
octagonal			

28

Paso 2: Busca el patrón para el número de lados. Sigue el patrón para encontrar el número de lados en un prisma octagonal.

Paso 3: Busca el patrón para el número de bordes. Sigue el patrón para encontrar el número de bordes en un prisma octagonal.

Paso 4: Busca el patrón para el número de esquinas. Sigue el patrón para encontrar el número de esquinas en un prisma octagonal.

Paso 5: Dibuja un prisma octagonal.

Glosario

arquitectos—gente que diseña, o dibuja, edificios

cilindro—una figura de tres dimensiones con 2 lados redondeados y 1 lado curvo

cúpula—una figura usada en edificios que se parece a la mitad de una esfera

curvo—redondeado, como una pelota

dimensiones—medidas de las figuras, las figuras de tres dimensiones tienen alto, largo y ancho

entrada—una abertura o paso

escultura—una obra de arte hecha mediante el moldeado, escultura o construcción de figuras de arcilla, piedra, madera o metal

esfera—una figura de tres dimensiones con un lado curvo y sin una cara

prismas—figuras de tres dimensiones con lados rectos

rascacielos—edificios muy altos; parece como si estuvieran "rascando" el cielo

vértice—un punto donde se encuentran 2 o más líneas

Índice

Exploremos las matemáticas

Página 6:
El prisma rectangular tiene 6 lados.

Página 9:
a. Puedes ver 3 lados. **b.** Hay 2 lados escondidos.

Página 11:
a. Las figuras 1 y 3 son cubos.
b. Las figuras 2 y 4 son prismas rectangulares.

Página 15:
a. Las dos figuras tienen lados curvos.
b. Las respuestas pueden variar, pero podrían incluir: "un cilindro tiene 2 lados, pero una esfera no tiene lados".

Página 19:
a. 4 triángulos   **b.** Un cuadrado

Página 21:
a. Un prisma rectangular
b. Un prisma triangular
c. Un cilindro

Página 24:
a. Rectángulos (y cuadrados) **b.** Triángulos y rectángulos
c. Rectángulos y triángulos **d.** Círculo **e.** Círculos (y rectángulo)

Actividad de resolución de problema:

Prisma	Lados	Bordes	Esquinas
triangular	5	9	6
rectangular	6	12	8
pentagonal	7	15	10
hexagonal	8	18	12
heptagonal	9	21	14
octagonal	10	24	16

Un prisma octagonal tiene 10 lados; 24 bordes y 16 esquinas.